了不起的中国古代科技与发明

毕昇

发明泥活字印刷术

KaDa故事 主编

猫十三 著　陈伟工作室 绘

史晓雷 审校

化学工业出版社
·北京·

图书在版编目（CIP）数据

毕昇：发明泥活字印刷术 / KaDa故事主编；猫十三著；陈伟工作室绘. -- 北京：化学工业出版社，2024.1

（了不起的中国古代科技与发明）

ISBN 978-7-122-44498-1

Ⅰ. ①毕… Ⅱ. ①K… ②猫… ③陈… Ⅲ. ①毕昇—生平事迹—少儿读物 Ⅳ. ①K826.16-49

中国国家版本馆CIP数据核字(2023)第225745号

责任编辑：刘莉珺　李姿娇　　　　装帧设计：史利平
责任校对：宋　夏

出版发行：化学工业出版社
　　　　　（北京市东城区青年湖南街13号　邮政编码100011）
印　　装：北京宝隆世纪印刷有限公司
880mm×1230mm　1/12　印张3$\frac{1}{2}$　字数50千字
2025年1月北京第1版第1次印刷

购书咨询：010-64518888　　　　售后服务：010-64518899
网　　址：http://www.cip.com.cn
凡购买本书，如有缺损质量问题，本社销售中心负责调换。

定　　价：39.80元　　　　　　　　版权所有　违者必究

你知道书是怎样印刷出来的吗？

没有大型印刷机械的古代，书籍是怎样批量制作出来的呢？

印刷术的进化史

印章

　　先秦时期，出现了最早的印刷术应用——印章。一般使用玉石、金属、牛角等材料，在上面刻字。

泥活字印刷术的发明者

　　毕昇（972—1051年），是北宋时期的一名印刷工人，也是胶泥活字印刷的发明者。北宋时期，我国南方地区印刷业发达，且大多采用木雕版印刷。潮湿的环境很容易造成雕版受潮变形，浪费大量人力物力。而毕昇发明的胶泥活字则从理论上解决了这一出版业的老大难问题。

拓片

在石碑上盖一张微微湿润的纸，用软槌轻敲，使纸陷入碑面文字凹下处，待纸干后再用布包上棉花，蘸上墨汁，在纸上轻轻拍打，纸面上就会留下黑底白字的痕迹，跟石碑上的字迹一模一样。

印染

印染就是在木板上刻出花纹图案，用染料印在布上。这项技术给了雕版印刷很重要的启发。

雕版印刷

出现在隋朝末年。刻工在木板上将文字刻成凸起的阳文反字后，将墨汁均匀刷于板面上，再小心地把纸覆盖在板面上，用刷子轻轻刷纸，纸上便印出文字或图画的正像。最后将纸从印板上揭起，阴干即可。

雕版印刷的运用在唐宋时期达到顶峰，但北宋的印刷匠人毕昇发现，雕版印刷使用起来有很多不便，于是在总结前人经验的基础上，发明了胶泥活字印刷。泥活字可以拆版重复使用，且占用空间小，容易保存，因此活字印刷术便应运而生。你知道什么材料适合用来制作泥活字吗？

黏土中的沙粒很少，黏性大，水分不容易从中通过，可塑性强，非常适合用来制作泥活字。

你想知道泥活字是怎样制成的吗？
一起来看看吧！

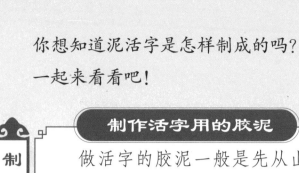

制作活字用的胶泥

　　做活字的胶泥一般是先从山上挖来优质黏土，然后去除掉黏土中的碎石子和草木屑。筛干净的黏土加水，和成胶泥，再把胶泥制作成大小规格不同的模子，形状像一个个的印章。

这里的土黏性大，适合做活字。

是呀，挖起来真费劲。

据史料记载，3000多年前的夏朝，王亥就发明了牛车。

胶泥活字印刷术的发明

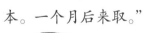
"店家，老规矩，每卷三百本。一个月后来取。"

......

制模有方法：这里捏成的泥方块要保持一定湿度，不能放干，不然容易导致泥块开裂，无法刻字。

②和泥：在去除杂质后的黏土中加入适量的水，和成泥状，然后捏成方块。

①去除杂质：将黏土中的落叶、树根、石块等杂物挑出去，只剩下纯净的黏土。

③制模：捏好的泥方块，分大、小两种规格，满足不同的印刷需求。

"师傅，怎么啦？"

"瞧！"

"又是经书？"

泥模上刻字

　　捏成型的泥模需要刻字才能印刷，不过可不是直接拿刻刀在上面刻上我们看到的那些文字。这里就要提到文字的两种雕刻方式——阴文和阳文。阴文指的是直接刻入，字的笔画是凹陷下去的；阳文则反过来，将文字周围的部分刻掉，字的笔画是凸起的。因为我们要把文字印在纸上，所以这里选择阳文雕刻。

雕刻刀：尖端为金属制，后部有一个木柄。

刻字有讲究： 在泥方块上刻字时，一定要刻反字，这样印出来的文字才是正的。（刻刀危险，谨慎使用哟！）

刻字模准备印稿的方法

一种方法是先把图样画在纸上，然后拓在刻字材料上。另一种方法是直接写在刻字的材料上，准备一面小镜子，一边看镜子里面，一边往材料上描画。

画样

拓印

画样

照镜描画

老师傅经营着一家书坊，毕昇和阿宝是他的徒弟。他们每天除了卖书，还兼顾印书的业务。

印小和尚的那么多经书，对任何一家书坊来说，都是个不小的麻烦。

前几年用过的雕版已经受潮……

被虫蛀了……

"重雕一版，亏本！"

"怎么办？"

字模烧制

字模刻好以后，自然是送到窑里进行烧制啦。窑内的温度一般控制在700~1000℃的范围内，这样既能保证烧出来的泥活字有足够的硬度，又不会烧裂字模。

新来的大哥真能干，一天能烧好几窑。

是吗？真厉害！

"时间来不及，愁啊！"

阿宝说："师傅，别接这活儿了！"

"那怎么行?! 不能慢待了老主顾！"

阿宝没法子了。

"你们俩谁能完成任务，我就把书坊传给谁。"

阿宝和毕昇听了，马上斗志昂扬地去想办法了。

保证完成任务！

窑：烧制砖瓦瓷器的灶，这里用来烧制泥活字。

这火烤得脸皮都快熟了。

啧，温度是不是有点高啊？

我的脸也好不到哪儿去，让煤炭蹭得成包公了。

好像有个裂痕。

狗……

你认识这是什么字吗？

哎，你小心啊！

哇呀！

制陶技术的发展：到了宋朝，烧制陶瓷的技术已经发展得炉火纯青，出现了五大名窑，分别为定窑、汝窑、哥窑、官窑、钧窑。

字模的收纳

制作泥活字

烧好的字模会按照文字的发音规律，放到不同的木格中分类收纳起来。在这个过程中要注意轻拿轻放，以免将活泥字碰坏或摔碎。然后再给每个木格贴上标签，以后使用时查找起来就方便啦。

"到底有什么办法呢？"阿宝琢磨着。

"嘿，毕昇看样子有办法呢！"

"我悄悄听听！"

木架：用来摆放装泥活字的木格。

存放方式：用于收藏泥活字的木格上，会按照文字的发音规律或使用频率，将文字分类标记好。因为有的文字十分常用（如之、者、也等），在同一个版面中可能会出现多次，所以需要准备几个甚至几十个泥活字。没有准备的生僻字，则需要随时雕刻烧制，然后统一存放。

只听毕昇对夫人妙音说："那个和尚果然又来啦！"

"还好我准备了木活字！"

"有了它，六百卷经书一个月一定能完成！"毕昇自信地说。

活字印刷准备工作

　　首先要准备一些与待印刷的书籍规格相同的铁板，然后在铁板上均匀涂抹一些黏合剂，为将字模粘上去做准备。铁板四周有框，可以将字模固定在一定的范围内。

是松脂、蜡、纸灰混在一起做成的。

这黏合剂是什么做的？

涂抹黏合剂：在一块带框的平整铁板上涂抹一层黏合剂。

哎哟，我脚粘地上了！

快把鞋子脱掉！

松脂：松树树干上渗出的油脂，黏性很大。

陶罐：用黏土烧制而成，可以用来装东西。这里用来装黏合剂。

黏合剂：一般由松脂、蜡、纸灰混合而成，能够将泥活字牢牢地粘在铁板上。

12

"木活字？好主意啊！"

阿宝从窗户缝看到毕昇手里的木活字，心里的小算盘"哒哒"地敲起来。

"佛经中有不少字是重复的，雕一副木活字其实要不了多长时间。"

"还好前几天家里打了柜子，剩下不少木料，这回刚好派上用场。"

阿宝高兴得手舞足蹈，没留神碰倒了旁边的竹筐。

妙音听见响声，站起来问道："谁在外面？"

黏合剂配方：这里用来制作黏合剂的原料，都需要选用黏性大、可塑性强的材料。因为泥活字在使用时需要固定在一处，用完之后还需要拆卸下来，所以黏合剂必须保证受热时能够熔化，冷却后又能凝固，使泥活字不松动，这样才能保证泥活字的多次使用。

铁板：受热快，方便后面用炉子烘烤时，使黏合剂熔化。后来也有用铜制的。

13

活字印刷准备工作

排版

根据文稿的内容，将所需要的泥活字从木格里挑拣出来，再按照文字的顺序，将泥活字排进带框的铁板。排满一框就成为了一版。

往上！再往上点！

排版注意事项： 古代人们读书写字的习惯是从右往左，所以书上的文字一般也是从右往左排列的。在印刷前排版时，要注意从左往右排列泥活字，这样印出来的字才是从右往左的。

阿宝哪敢应声？学了声猫叫，就赶紧回家找木料去了。

妙音推开窗户，看到阿宝的背影，气得大喊："糟了，阿昇！"

"你的好办法被阿宝听去，他肯定也回家雕木活字去了！"

毕昇却没有生气，而是低着头喃喃自语着。

"其实木活字也不是很好用，这东西缺点很多，印三百卷经书可能不行。"

妙音听了，顿时泄气道："啊——那可怎么办呀？"

15

固定泥活字

泥活字在铁板上完成排版之后，用火来烤铁板，使上面的黏合剂稍稍熔化，以便将泥活字牢牢固定在铁板上，就成为版型。

大哥，我没地方烤铁板啦。

这饼子热热真香，你也来一块。

来来来，每天都有。

注意事项： 需要控制火炉中的火势。火势太大，容易将黏合剂烤焦；火势太小，又难以将黏合剂烤化。

谢谢！

哈哈哈……你可千万别洗脸！

看你热得脸都红了，我去打碗水来。

你笑什么呀？

这时，屋外传来小儿子的哭声。

妙音赶紧跑过去，只见小儿子满脸是泥。

"哎哟，这是谁家的小泥猴，在这里哭哭啼啼的呀？"妙音抱起小儿子，打趣道。

小儿子挣扎着大喊："我要捏泥牛！我要捏泥羊！"

妙音顺着小儿子手指的方向看去，发现泥塘旁边有几个压扁的泥坨坨。

"小宝乖，一会儿娘亲给你捏一个小泥猴，好不好？"

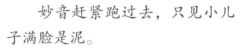

调整压平

趁铁板上的黏合剂还没有完全变硬时，用一块平板将泥活字压平整，这样才能使泥活字高低一致、整整齐齐，方便下一步印刷。

过年习俗： 古代过年有挂桃符的习俗，就是用桃木板或纸分别刻画"神荼""郁垒"二神的名字或画像，悬挂或张贴于门首，意在祈福灭祸。每年除夕的时候，家家户户都会把去年的桃符取下，换上新的桃符。

三叔过年好！

过年好！过年好！

把那个"郁垒"递给我。

快把耳朵捂上！

啊，别在我屁股后面点呀！

小儿子却哭得更凶了："我不是小泥猴！"

妙音笑着说："一会儿找个泥猴妈妈来，看她认不认你？"

这时，毕昇也从屋里走出来。

多制版：为了提高效率常用两块铁板，一块印刷，一块排字。印完一块，另一块又排好了，这样交替使用。

压板：一块平整的木板，上面有柄，可以手持，用来压平铁板上的泥活字。

上次没好好压平，书都印歪了。

他看见泥塘旁边的泥坨坨，眼前一亮。"对呀！做一副泥活字也许更好呢！"

妙音也高兴地一拍手道："对呀，这个主意好！"

于是，夫妻俩你挖土来我捏泥，你刻字来我烧火，忙活起来。

19

刷墨

泥活字压平整之后，需要在字的表面刷上墨，也就是用炉壁上刮下的黑灰加水做成的墨汁。因为泥活字上的阳文是凸起的，所以刷的墨只会留在文字上，旁边空白的凹陷部分并不会沾上墨汁。

掉了一块都不知道！这个月的工钱还想不想要了？

制墨：从炉壁上刮下的烟炱加水，可作为印刷用的油烟墨。

炱（tái）：由烟凝积而成的黑灰。

哈哈哈！大花猫！

师傅说这墨要用烟灰做……你在笑什么？

我才不上当呢！

喂，我看见你们啦！快出来吧！

古法今用：作为现代印刷技术之一的凸版印刷中，印刷机的给墨装置会先将油墨分配均匀，然后利用墨辊（gǔn）将油墨转移到印版上。墨辊的表面是一层橡胶，质地很软，可以把油墨均匀地刷在印版上。

小儿子坐在一边，比爹娘还忙。

就这样，一个个扁扁的泥方块变成了小陶片，看上去比木活字更加结实耐用。

小儿子捏的泥猴也变成了陶猴，再也不怕被压扁了。

比起起早贪黑、忙里忙外的毕昇夫妇，阿宝则悠闲得很，经常在书坊里喝茶水。

阿宝动作很麻利，没多久就雕好了木活字，剩下的时间只在院子里浇花遛鸟。

他还没事儿总找老师傅扯扯闲话，搞得老师傅还以为他找到帮手了。

印字

泥活字刷好墨以后，在上面平整地铺上白纸，然后用另一个干净的刷子轻轻地刷纸的背面，这样白纸上就会出现墨字啦。

我刚看见你从厕所出来，快去洗手！

没事啦，我手干净的。

喂，印字之前先洗手哇，别把纸弄脏！

这剪刀真快，裁纸都没有毛边的。

刷纸：拿一个干净的刷子，在铺好的纸上轻轻刷，使油烟墨清晰地留在纸上。

妹妹过来呀。

小蝴蝶！

22

转眼间，一个月的期限马上就要到了。

这一天，老师傅来到书坊的后院，想看看两个徒弟的进展。

毕昇和阿宝见师傅来了，赶紧把自己的成果拿出来。

老师傅看着两副活字块，问道："活字排版？你们两个居然想到一块儿去了。"

阿宝羞愧地缩缩脖子说："是啊，巧了，嘿嘿……"

毕昇看到阿宝手里的木活字，表面上不露声色，心里却笑起来。

手下留情

古法今用：在现代凸版印刷中，由印刷机内部的给纸机构将纸输送到印刷机的印刷部件，在印版装置和压印装置的共同作用下，印版图文部分的油墨便转移到承印物（一般为纸张）上，从而完成一件印刷品的印刷。

揭纸

将印好文字的纸小心地从印版上揭下来，就是一张印好的书页啦，只需要等墨迹晾干就可以装订成册。

古法今用： 在现代机器印刷过程中，需随时抽样检查印刷品的质量，如有没有印歪、印糊、印漏的现象。

下雪啦！

别乱毛！打扫起来很麻烦的！

糨糊也是粮食做的呀，真香！

喂！这不是给你吃的，快走开！

慢点哟，别撕坏了。

不要的边缘给它裁掉。

装订：蝴蝶装是兴盛于宋朝的一种书籍装订方法，是把书页依照中缝，将印有文字的一面朝里对折起来，再以中缝为准，将全书各页对齐，用糨糊粘在包装纸上，最后裁齐成册的装订形式。用这种方法装订成册的书籍，翻阅起来如蝴蝶两翼翻飞，所以叫"蝴蝶装"。

毕昇不慌不忙，也不搭理阿宝，只是拿过一个方铁盘。

他一边把泥活字按照经文的顺序码进去，一边说："东西虽然看着都差不多，可是用起来，还不知道是谁的好用呢。"

阿宝忍不住嘀咕道："木活字、泥活字，不都是你的主意？有什么不一样？……"

毕昇和妙音燃起一个小火炉，把方铁盘放在上面烤。

阿宝照葫芦画瓢，把码好的木活字也放在火上烤。

"哎哟，好烫！"他不知道木活字不能烤，手被烫了，托盘也打翻了。

拆散泥活字

印刷完成后，把排着泥活字的铁板重新放回火上烤，使黏合剂熔化，然后用手轻轻拂过铁板，泥活字就会从铁板上脱落啦。

您就放我几天假吧！

怎么闻到一股烧焦的味道？好像不是从我这儿传出来的呀……

好嘞！

炉子在那边，去吧。

你知道吗？印章的原理也跟活字印刷差不多哟！那么印章是怎么做的呢？

①选材
古代做印章的材料很杂，金银玉石、动物的角和牙都可以作为材料。

②打磨
选好印章材料后，用砂纸将准备雕刻的那一面磨平。

③画样
将印章上要刻的图样先画在纸上，然后照着图样来刻章。

④刻章
将印章固定在印床上，或直接用手拿着，用刻刀将图样的反样刻在章子上。

印章上的"白文"与"朱文"：古代的印章有时候是要印在封泥上，如果印章上是阴文，则印出来的会变成阳文，如果印章上是阳文，则印出来的会变成阴文。为了区别于传统的阴文和阳文，古人把印章上的阴文称为"白文"，阳文称为"朱文"。

最后，两块活字版终于都排好了。

大功告成

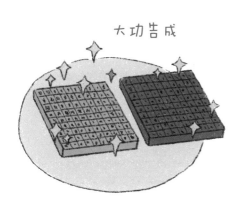

木活字吃水膨胀，印出来的文字竟然歪歪扭扭、大小不一，而且还有裂纹！

老师傅拿过刷子，分别给两块活字版刷上墨汁，然后铺上白纸，印了上去。

再看毕昇的那一张，整整齐齐，跟雕版印刷的一样美观。

两张纸揭下来一瞧，阿宝顿时就傻眼了："怎么会这样？！"

老师傅笑着说："还是阿昇聪明、爱思考，以后这书坊就由你来打理吧！"

泥活字放入木格

将泥活字从铁板上拆下来以后，要按照汉字的发音规律重新放入木格，分好类保存起来，方便下一次使用。

大人，您这幅画画得妙啊！

悄悄摸一个出来，应该不会被发现……

是小虎告诉我要盖在脸上的。

别人印章都盖在纸上，你怎么盖在脸上了？哈哈哈！

古人一般都把印章盖在哪里？

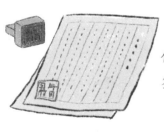

1. 盖在官方文件上，表示鉴定或签署。

2. 盖在书画的边缘，作者署名之后，表示这幅作品为盖章人所有。

3. 盖在书信的封泥上，作为封口的凭据，可以以封泥是否完好来判断信件是否被拆封。

4. 手工业者在其所制造的器物上盖章，表示这件器物出自他之手。

伟大的印刷术

中国科学院自然科学史研究所原副研究员、科技史博士　史晓雷

《金刚经》——雕版印刷术

唐咸通九年（公元868年）印成的《金刚经》，原藏于敦煌第17窟藏经洞中，1907年被盗，现藏于英国大英图书馆。《金刚经》是世界上现存最早的具有明确日期的雕版印刷品，长约1丈6尺，高约1尺（1丈等于3尺，1尺约为33.3厘米）。

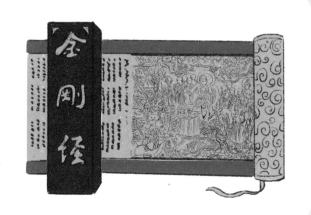

转轮排字盘——活字印刷术

元朝的王祯发明了"转轮排字盘"，将活字按韵放入字盘，拣字工坐在中间转盘拣字，极大地提高了拣字效率，减轻了劳动强度。

20世纪80年代，科学家王选领导研制成功了汉字激光照排系统，使我国的印刷业从此告别了铅与火，迎来了光与电的时代。他也因此被誉为"当代毕昇"。

小小发明家实验室

提起胶泥活字印刷，那可真是一项了不起的发明！在这之前的雕版印刷，一版一书，不仅不能循环利用，雕版还特别容易损坏。不过，有了活字印刷就不一样啦！今天的实验，我就带大家一起体验简易的活字印刷过程，了解我国古代四大发明之一——印刷术！

准备材料： 水彩颜料、小木块若干、海绵纸若干、剪刀、小刀、铅笔、胶水、大头钉或小木珠若干。

第一步： 用铅笔在海绵纸上画出文字或者其他图案，然后用剪刀剪下来。如果需要，可以用小刀把相应的位置挖空。注意字的大小不要大于小木块的大小。

第二步： 把文字翻过来反贴在木块上。注意一定要反着贴，这样最后印出来才是正的哟！

第三步： 在小木块的背面插上大头钉或者贴上小木珠作为把手。

第四步： 蘸取颜料并印在纸上就可以啦！

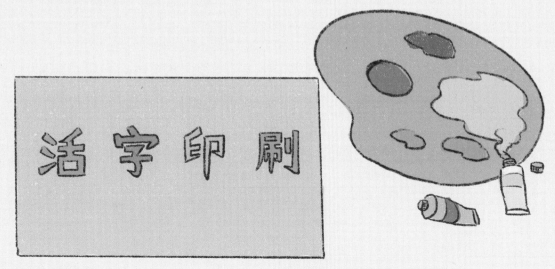